AF226923

# BIOGRAPHIE

## DE

# EUGÉNIE DE MONTIJO

## IMPÉRATRICE DES FRANÇAIS

### Par MARFORI

---

## Prix . 50 centimes

---

PARIS, CHEZ L'AUTEUR

1870

# SOMMAIRE:

# BIOGRAPHIE

## DE

# EUGÉNIE DE MONTIJO

### IMPÉRATRICE DES FRANÇAIS

La belle Eugénie Théba de Montijo descend d'un vieil épicier de Malaga, nommé Kirpatrick. Cet honorable marchand de denrées coloniales eut quatre filles, la plus jolie d'entre elles montra, dès sa plus tendre jeunesse, le goût le plus prononcé pour les aventures galantes. La nature l'avait assez bien douée; aussi, comme toute femme coquette, se promit-elle de tirer un parti avantageux de ses charmes et d'engluer le premier étourneau qui s'y laisserait prendre.

Le galant dieu d'amour sur l'autel duquel elle faisait de nombreux sacrifices, et auquel elle prodiguait l'encens, ne resta pas sourd aux ardentes prières de sa prêtresse dévouée. Il exauça ses vœux et lui envoya le mari tant désiré dans la personne disgracieuse du comte Théba de Montijo, ex-officier d'artillerie. Ce pauvre hère n'avait, comme on dit vulgairement, ni sou ni maille, il était, en outre, borgne, une explosion d'artillerie lui avait crevé l'œil droit, qu'il avait recouvert d'un énorme bandeau noir, ce qui lui donnait l'aspect le plus repoussant ; il était aussi bête que laid, son aspect inspirait à la fois le dégoût et la pitié. Mais peu importait, il était comte et pouvait passer facilement à l'état de mari complaisant et bienheureux ; c'étaient là les seules qualités requises par la belle et ambitieuse Kirpatrick, à qui il suffisait de devenir Madame la comtesse et d'avoir un époux, quelque affreux qu'il fût, se promettant bien d'avance de se dédommager amplement dans les bras de ses nombreux amants et d'oublier auprès d'eux la laideur et la bêtise de son affreux mari.

A peine les doux liens de l'hyménée eurent-ils uni ces deux tendres amants, à peine l'heureux époux eut-il commencé à jouir des charmes pour lesquels il soupirait avec tant d'ardeur, que sa volage épouse s'échappa du lit nuptial pour voler à de nouvelles amours, sans garder aucune retenue. N'était-elle pas mariée ? A quoi servirait un mari sot et laid, si ce n'était à donner la faculté de posséder de nombreux amants ? Aussi ses adorateurs purent-ils jouir dès-lors d'un bonheur sans obstacle, et s'en donnèrent-ils à cœur joie avec leur belle maîtresse.

De ces nombreuses galanteries naquirent deux filles ; mais il serait difficile de déterminer la paternité de l'aînée, tant était grand le nombre des heureux que faisait notre séduisante comtesse; autant vaudrait avoir la prétention de deviner, quand on plonge la main dans une fourmilière, quel est celui des innombrables insectes qui la peuplent qui vous a mordu.

Cependant, malgré ce grave inconvénient, la paternité d'Eugénie, sa seconde fille, fut attribuée, par la chronique scandaleuse, à lord Clarendon, amant en titre de la comtesse Théba de Montijo. Cette femme éhontée était douée d'une nature heureusement assez rape, véritable Messaline, elle était digne en tous points de fournir des sujets aux César dégradés du nouveau Bas-Empire.

Ses aventures scandaleuses sont, en Espagne, de notoriété publique.

Nous serions entraînés trop loin si nous voulions raconter ici toute la vie scandaleuse de M^me la comtesse de Théba, mère de notre héroïne.

M^me la comtesse de Théba, grâce à la prodigalité de ses nombreux entreteneurs, menait, lorsqu'elle était à Madrid, assez grand train, et avait maison montée; elle dut à l'influence de ses nombreuses relations de faire admettre dans la haute domesticité de la cour d'Espagne ses deux filles, qui furent placées auprès d'Isabelle II en qualité de camérières.

Leur jeunesse et leur beauté attirèrent dans les salons de leur mère de nombreux adorateurs, parmi lesquels le duc d'Albe était un des plus assidus. Ce gentilhomme affichait pour les deux sœurs un culte égal. Chacune d'elles avait une part semblable à ses soins, à ses hommages et à son adoration; il leur était impossible de distinguer, dans l'empressement qu'il leur témoignait, la moindre préférence pour l'une d'elles. Ces deux sœurs s'efforçaient inutilement de mériter, par leurs prévenances et leurs faveurs, le choix de l'aimable duc qu'elles aimaient toutes deux éperdûment.

M<sup>me</sup> Théba, qui s'était aperçue de la passion croissante de ses filles et de la conduite équivoque de leur adorateur, s'en expliqua ouvertement avec lui, et en femme avisée, le somma de se prononcer sans plus tarder, lui disant qu'il abusait de l'accueil bienveillant qu'il recevait chez elle, de la confiance qu'elle avait en lui, de la jeunesse et de l'inexpérience de ses deux filles; que différer plus longtemps de se prononcer serait de sa part le comble de l'indélicatesse et de la déloyauté, et en tous points indigne d'un galant homme, etc..... Le duc, pressé de près, promit de faire son choix, et de demander le lendemain, au bal de la cour, la main de l'une des demoiselles. La maman Montijo raconta le même jour à ses deux filles sa conversation avec le duc d'Albe. Peindre l'impatience, l'anxiété avec laquelle MM<sup>lles</sup> de Montijo attendirent le lendemain serait chose impossible; elles passèrent, en y songeant, une longue nuit d'incertitude et d'insomnie. Quelle serait l'heureuse fiancée

du lendemain, l'élue qui serait bientôt duchess
d'Albe? Les heures leur semblaient des siècles, l
nuit une éternité. Le matin, les traces de l'insomni
se lisaient sur leurs visages pâles et leurs yeux fati
gués; elles employèrent la journée, qui leur paru
aussi bien longue, à faire leur toilette de bal, à use
de ces milles artifices de femme qui rehaussent leu
beauté et leur donnent plus de fraicheur, plu
d'éclat. C'est le cœur palpitant à la fois d'espéranc
et de crainte qu'elles allèrent au bal, accompagnée
de leur mère; à leur entrée elles cherchèrent le du
du regard; dès qu'il les aperçut, il s'avança à leu
rencontre et demanda à M<sup>me</sup> de Montijo la main d
sa fille aînée.

Un nuage passa alors sur les yeux d'Eugénie, ell
porta la main sur son cœur, chancela, s'appuyant u
instant sur le bras de sa mère et sortit peu après
Quand on s'aperçut de sa disparition, on la cherch
d'abord inutilement dans les salons et dans les jardin
du palais : on la découvrit enfin dans sa chambre
étendue sur son lit, pâle, froide, inanimée, ne donnan
plus aucun signe de vie; près d'elle était un flaco
de poison dont elle avait bu le contenu. L'alarm
fut aussitôt donnée; un médecin qui survint lui ad
ministra immédiatement un contre poison qui, heu
reusement, la rappela à la vie; après une longue e
dangereuse maladie elle se guérit enfin, mais il lui es
toujours resté de cette cruelle catastrophe, une ag

tation fébrile, un tremblement nerveux quelle a encore aujourd'hui.

Ce premier amour déçu a profondément ulcéré son cœur et répandu sur sa vie le désenchantement et la désillusion qui se voient encore aujourd'hui sur son visage, et lui donnent ce cachet d'indifférence et de lassitude qui s'y lisent presque toujours.

Depuis cette époque fatale, M^lle Eugénie de Montijo a cherché dans les aventures galantes, dans les scènes romantiques ou tragiques, dans les projets de grandeur ou d'ambition, des aliments à sa passion mal éteinte.

Les courses, les combats de taureaux, les émotions des arènes et du cirque lui offrirent d'abord de nombreuses distractions.

Aussi manquait-elle peu de ces combats à Madrid. Elle se plaçait ordinairement en face du *toril*, parmi les vrais amateurs de la *tauramaquia*. Son théâtre, à elle, sa loge d'Opéra, c'est le cirque sanglant, l'arène pantelante, où le taureau, furieux, arc-bouté sur ses puissants jarets, la lèvre écumante, l'œil en feux, les naseaux fumants, le poil hérissé, la croupe bondissante, battant de sa queue ses larges flancs ruisselants de sueur et de sang, la tête en avant, le front terrible et menaçant, armé de cornes redoutables, rugit et bondit impétueux au milieu des dards qui l'aiguillonnent, et des cris de la foule, sur ces imprudents adversaires, renversant, brisant tous les obstacles, enfonçant ses cornes aiguës dans la poitrine des malheureux *chulos* et des *piccadores*, qu'il foule à ses pieds, inondant l'arène de débris sanglants, de lambeaux déchirés, puis, cherchant du regard sanglant l'héroïque toréador, qui impassible, l'attend armé de sa lance, il s'élance sur lui plein de rage et de fureur mugissant sur les blessures meurtrières que lui fait un fer aigu et acéré.

Il faut voir alors l'enthousiasme de la belle Eugénie poussé à son paroxisme, avec quelle ardeur elle se passionne pour les combattants, homme et bête; debout sur son gradin, elle attend, haletante de plaisir et d'anxiété, l'issue de cette lutte terrible, de ce drame sanglant. On voit alors son œil, ordinairement inanimé, briller du plus vif éclat, son teint se colorer du plus vif incarnat, son sein battre avec force, sa poitrine se dilater, sa bouche se contracter, ses lèvres frémissantes rougir et pâlir tour à tour, tout son être frémir de bonheur, puis bientôt haletante, rendue elle retombe sur son banc en se pâmant d'émotion.

Quand un beau toréador est vainqueur, elle lui décerne de sa main le prix de la lutte, qu'elle accompagne toujours du plus amoureux sourire et du plus tendre regard.

Si, au contraire, le taureau est vainqueur, nouvelle Europe, elle désire les caresses lascives du robuste animal, dont Jupiter prit la forme pour séduire la fille d'Agénor.

Au cirque de la *Puerta del Sol,* à l'abri de tout danger, elle rayonne, bondit et jouit de plaisir : ses acteurs favoris, ses Roger, ses Talma, sont le toréador Pehillo, mort sur le champ du combat en *taurisant* devant le roi, et le manchego matador Miguel, assassiné sur le Prade par sa jalouse maîtresse Dona Thérésa, duchesse d'Albe, parente de notre héroïne, qui, pour suivre les traditions de famille, prit aussi plusieurs toréadors pour amants. Elle broda même de ses blanches mains un manteau pourpre et or pour un de ses favoris du cirque ; mais, hélas ! ce présent digne d'un roi, ne lui porta pas bonheur, l'infortuné est mort dans un combat peu de temps après l'avoir reçu. Quel dommage qu'il n'ait pas rendu, avant de mourir, ce présent à sa belle maîtresse, qui pourrait aujourd'hui le donner à son impérial époux.

Mais, hélas ! les amours du cirque elles-mêmes, quelque vives qu'elles soient, n'ont qu'un temps, elles s'émoussent aussi, la fatigue et la satiété les suivent bientôt pour se reposer de leurs âcres et corrosives ardeurs. La Montijo chercha à filer le parfait amour avec quelques beaux seigneurs, gens de cour aux belles manières, au langage fleuri, aux propos galants et mignons. L'amour du contraste la poussa d'abord dans les bras du duc d'A..... On a vu souvent notre coquette Espagnole, tendrement appuyée au bras de ce galant cavalier, se diriger furtivement avec lui dans les rues de Madrid, du côté du Musée, où le couple amoureux allait faire une visite matinale à l'heure où les salons de sculpture et de peinture étaient encore déserts et s'ouvraient pour lui seul. Le galant prince expliquait à sa séduisante compagne les beautés plastiques des belles nudités représentées sur la toile ou sculptées dans le marbre. Le jeune couple allumait ses sens à la contemplation d'une Vénus de Milo, d'un Apollon, d'une Diane, d'une Galatée ou des Trois Grâces, dont les formes adorables excitaient dans leurs âmes mille troubles et mille ardeurs.

La vue d'une chaste Susanne au bain, d'une bacchante en fureur, d'une Putiphar impudique, à l'œil brillant de luxure, étalant ses charmes secrets pour séduire l'innocent et trop pudique Joseph, augmentait leur trouble et leur ivresse. Quel sot garçon! peut-on ainsi refuser le bonheur, disait la tendre Eugénie en lançant une œillade voluptueuse et provocatrice à son jeune cavalier. — O mon ange! répondait le prince, laisse-moi t'adorer et ne pas jouer plus longtemps le rôle du chaste Joseph. Viens, fuyons ce tableau ridicule, contemplons plutôt ces nymphes toutes nues, tremblantes dans les bras de ces faunes velus; vois comme elles sont belles, comme la pudeur et l'amour rayonnent dans leurs regards; vois comme leurs cyniques satyres sont heureux, comme ils pressent voluptueusement leurs bouches avides sur celles de ces beautés sauvages, comme ils profanent de leurs mains luxurieuses leurs gorges palpitantes, comme leurs flancs brûlants pressent amoureusement ceux des nymphes éplorées, comme ils polluent tous ces trésors d'amour, comme ils s'enivrent de luxure et de viol! quelle volupté! quel délire! O viens, mon âme! sur ce moelleux canapé, qui nous convie au plaisir dans cet obscur salon, devant ces témoins muets de marbre et de toile, dans ce temple des arts et de la beauté : viens avec moi goûter le bonheur. Imitons les faunes et les nymphes; aimons-nous; sois à moi tout entière; écartons ces voiles jaloux qui me cachent tes formes adorées, tes beautés cachées, laisse-les moi couvrir de mes baisers de feu; donne-moi ta bouche humide d'amour, ta gorge d'albâtre, ton sein de rose et de lys, ta taille adorable et tous ses charmes secrets, dont la vue seule me transporte au ciel. Ah! laisse-les moi baiser à genoux; abandonne-moi toute ta divine personne; enlacés l'un à l'autre, pamons-nous de plaisir et mourons, s'il se peut, de volupté. L'amoureuse Eugénie répondit par d'ardents baisers à ceux de son amant, et bientôt de tendres soupirs succédaient à ce doux langage et troublaient seuls les échos du palais désert.

Le prince de J..... ne fut pas moins heureux que son frère avec la belle Montijo : ce fut aussi le culte des beaux-arts qui fut le prétexte des faveurs qu'elle daigna lui accorder : elle eut pour lui des bontés infinies; elle poussa la complaisance jusqu'à poser toute nue devant le prince, qui fit son portrait en costume antique, vêtue d'une simple feuille de vigne, que l'artiste amoureux arrachait plusieurs fois dans chaque séance pour mieux étudier les formes de sa Vénus. Elle se conformait ainsi sans doute à une tradition de la famille impériale, car on sait que Pauline Bonaparte posa aussi toute nue devant le sculpteur Canova, qui fit sa statue.

Par un de ces caprices de femme, dont notre Espagnole seule était capable, elle résolut d'accorder aussi ses faveurs au plus jeune frère des deux princes d'Orléans, dont nous venons de parler, de manière à ce que les trois frères eussent une part égale à ses galanteries et sans doute pour ne pas faire de jaloux.

Pour varier ses plaisirs, elle résolut de goûter, avec le jeune duc de M...., qui depuis a épousé une princesse espagnole, le charme des promenades équestres. Elle est du reste habile écuyère, elle monte à cru comme un palfrenier ; elle a la passion des chevaux poussée à un tel degré, qu'un de ses compatriotes, qui la connaissait beaucoup, disait, en parlant d'elle : « Eugénie fera bientôt, comme feue la duchesse de Lude, sa toilette dans les écuries. »

Elle a toujours eu un goût très prononcé pour les exercices d'homme ; elle est aussi forte à l'école de natation qu'à celle d'équitation ; elle nage supérieurement *à la religieuse ;* elle a des goûts espagnols et des inclinations masculines ; elle manie mieux le poignard que l'éventail, elle s'habille souvent en homme ; elle endosse, avec une parfaite aisance, les costumes de cavalerie, fume la cigarette et le cigare, porte des éperons et cravache, etc. Elle est aujourd'hui colonel des guides.

Mais le costume qu'elle portait le plus souvent à l'époque dont nous parlons était l'élégant costume andalous.

Tout Madrid se souvient encore aujourd'hui d'avoir vu passer à cheval, en compagnie d'un jeune jouvenceau, cette belle fille à la chevelure d'or, aux doux yeux bleus, au beau visage, au nez d'une pureté remarquable, au profil charmant, au cou de cygne, aux épaules d'ivoire, plus blanches que le marbre de Paphos, à la taille élégante et bien prise, dessinée dans un riche et gracieux costume andalous, maniant son cheval avec dextérité et fumant la cigarette avec une aisance parfaite ; elle caracolait près de son compagnon en lui envoyant les bleus spiraux de fumée de son maryland.

C'est dans le poétique mois des fleurs, quand la nature entière renait à l'amour et lui chante, en doux accords, en limpide harmonie, sa joie et son bonheur, que nos deux amoureux partaient chaque matin au lever de l'aurore, sur leurs fringants destriers, pour faire de longues promenades solitaires; ils se reposaient souvent sur les pelouses fleuries, à l'ombre des grands arbres touffus et des verts bosquets; les fourrés mystérieux leur offraient un sûr asile pour cacher leur amour. Ecoute, ô ma belle maitresse ! disait le galant

M...., écoute les chants d'amour du tendre rossignol
quel ruissellement de notes suaves et pures, quelle cas
cade, quels flots de mélodie lui inspire le dieu de Cy
thère. Ne sens-tu pas, ô mon adorée! ton cœur palp
ter de bonheur, tes sens frissonner de plaisir à cett
invocation sublime? Ecoute, regarde, sens, admire
que tout est beau dans la nature! quels tableaux ra
vissants! quelle harmonie divine! quels parfums en
vrants! quel spectacle éblouissant!... Comme le cœu
se dilate; comme on sent le besoin d'aimer, comm
tout nous convie au bonheur. Le gazon si tendre,
parfumé et si fleuri ; les roses entr'ouvertes sur leur
tiges, comme tes lèvres, appellent le baiser; les myrte
en fleurs, comme tes charmes, invitent à l'amour. Le
folâtres papillons qui s'embrassent sur les fleurs, le
beaux oiseaux du bocage qui frétillent d'allégresse ; le
tendres roucoulements des colombes plaintives, qu
font l'amour dans la ramée, nous disent tous, aime
vous aussi! Laisse-moi, ma charmante, dérouler
flot de ta chevelure ondoyante, et délacer ce corsag
jaloux qui me ravit et emprisonne les trésors de t
gorge d'albâtre; laisse-moi contempler ta jambe fai
au tour, ton pied et ton mollet andalous. O laisse-mo
ma bien-aimée! laisse-moi t'adorer, m'enivrer de to
haleine embaumée!

> Goûter les fruits de ta beauté ;
> Vivons, aimons, c'est la sagesse;
> Hors le plaisir et la tendresse,
> Tout est mensonge et vanité.

Et l'aimante Eugénie n'avait plus rien à refuser à son amant; elle lui prodiguait sa beauté, et goûtait avec lui le même plaisir qu'avec ses deux frères.

Telles étaient les tendres galanteries qui émaillaient le printemps de notre héroïne. Doux souvenirs! combien ils doivent être précieux à son cœur et à l'aider aujourd'hui à supporter le poids des ennuis de la grandeur et de la puissance souveraine.

Le général Narvaez succéda aux d'Orléans; puis le marquis d'Alcanirez, l'ami intime de sa sœur la duchesse d'Albe, lui fit aussi la cour, mais c'était, disait-on. pour le bon motif; il devait épouser la Montijo, malheureusement la trop confiante et sensible Eugénie ut l'imprudence de céder à son amant et de lui acorder les dernières faveurs avant de lui être unie par es liens sacrés et indissolubles du mariage, et mal lui n a prit, car le trop perspicace marquis crut s'apercevoir que la belle n'avait pas précisément tout ce qui onstitue la virginité : il planta là la malheureuse oute éplorée, qui fut de nouveau plongée dans le plus rofond désespoir ; elle voulut s'empoisonner une econde fois en voyant ce noûvel époux lui échapper. l fallut tous les soins et toute la sollicitude de sa œur et de sa mère pour l'en empêcher.

Peu de temps après, le seigneur Olympio Aguado ui joua le même tour et lui causa de nouveaux chagrins. Le marquis de Las Marismas, chef de la famille guado, à qui l'on parlait du prétendu mariage de

son frère avec la Montijo, répondait en haussant le[s]
épaules : « Est-ce que vous croyez mon frère asse[z]
bête ou assez fou pour épouser *cette fille* ? »

Tous ces scandales conjugaux, tous ces malheur[s]
matrimoniaux obligèrent la belle Eugénie à quitte[r]
l'Espagne, espérant qu'il lui serait plus facile de s[e]
marier à l'étranger. Elle partit pour la Belgique, accompagnée de sa vertueuse mère et de son beau[-]
cousin le duc d'Ossuna et de l'infantado comte et du[c]
de Bénévente (1). A peine arrivée à Spa, la jeun[e]
comtesse déploya toutes ses coquetteries, mit en je[u]
tous ses charmes pour séduire son jeune cousin, l[e]
duc d'Ossuna, dont elle espérait bientôt devenir l'é[-]
pouse, et qu'elle avait amené avec elle dans ce bu[t]
d'accord avec sa mère, qui comme d'habitude, y prêt[a]
la main. Elle laissa, comme toujours, aux jeune[s]
amants la plus grande et la plus entière liberté[.]
Comme à Madrid, les doux ébats, les tendres épan[-]
chements, les longs tête-à-tête, les grandes prome[-]
nades recommencèrent.

Le soir, quand le soleil dorait encore le sommet de[s]
montagnes, entre lesquels l'Emblève roule ses flot[s]
argentés, le promeneur solitaire et rêveur pouva[it]

(1) On lisait sur les registres de l'hôtel de Flandres, à Sp[a]
rue de Vauxhall, à la date du 28 juin 1849, liste n° 7 : « Son[t]
« descendus : 1° M<sup>me</sup> la comtesse Montijo, rentière à Madri[d]
« avec la comtesse de Théba, sa fille ; 2° Son Exc. monseigneu[r]
« le duc d'Ossuna et l'infantado comte et duc de Bénévente.

emarquer dans la vallée déserte un beau cavalier yant penchée sur son bras une jeune beauté svelte, la taille élancée aux blanches épaules, à la chevelure orée. Ce couple charmant semblait rechercher le si- ence, le mystère et l'ombre. Leurs bras s'enlaçaient endrement, leurs regards languissants se cherchaient, eurs bouches frémissantes s'effleuraient, un tendre aiser s'envolait à chaque instant et troublait seul le ilence de la solitude. On devinait facilement en les oyant passer ainsi absorbés dans leur bonheur, lans leur muette extase et dans leur contemplation rofonde, qu'un doux lien, un tendre sentiment les nissait.

Ils allaient ordinairement chaque soir faire un moureux pèlerinage jusqu'à la cascade de Coô, dont es eaux formaient à leurs pieds une suite de petits ɪcs argentés, aussi purs que des glaces de Venise, et ans lesquels se miraient amoureusement les scintil- ɪntes étoiles du soir aussitôt que le soleil disparaîssait l'horizon et que l'ombre envahissait la vallée. Un anc de quartz schisteux, recouvert d'un tapis de ɪousse et abrité par un maronnier en fleurs, leur ffrait à la fois dans ce lieu solitaire, un sûr abri et n autel pour l'amour. L'heureux duc d'Ossuna et ɪ douce compagne, qui n'avait pas la force de résister son amour, s'y arrêtaient toujours et en profitaient haque soir pour s'y livrer aux enivrements du plaisir t de la volupté. Leur deux beaux corps n'en formaient

bientôt qu'un seul, le bruit de leurs baisers et de leur
soupirs étouffés éveillaient seuls les échos de la solitude, puis tout rentrait dans le silence; deux ombre
légères et furtives se détachaient bientôt du mass:
de verdure qui les cachaient, hâtaient leur course e
se dirigeaient du côté de la ville à la blanche clart
des étoiles. Ces deux ombres étaient celles d'Eugéni
et de son cousin, qui arrivaient bientôt à Spa. La to
lette un peu chiffonnée de la belle Eugénie, ses che
veux en désordres, ses yeux voilés et fatigués attes
taient sa faiblesse et son amour pour le beau cavalie
qui lui donnait l e bras. Mais on l'excusait facilemen
l'hymen, disait-on, devait légitimer bientôt les imp
tiences et les larcins de l'amour.

Mais, hélas ! l'imprudente Eugénie, en oubliant e
core cette fois de suivre les conseils de sa mère, q
lui avait recommandé de ne pas faire avec son cous:
comme avec Alcanirez Olympio, mais de refuser c
céder à ses désir et de réserver les dernières faveu
pour le mari seulement, eut encore la douleur de s
voir délaissée et abandonnée; elle se promit alo
d'être plus prudente, et de ne plus céder à ses pa
sions, de n'accorder qu'à l'époux le bonheur de s
possession. Nous verrons plus tard que cette fois el
a tenu parole, et qu'elle mit à profit les sages consei
de sa maman expérimentée.

Après cette nouvelle déconvenue, ces dames vinre
chercher fortune à Paris, pensant qu'il serait pl

icile de trouver dans cette capitale le placement
vantageux des charmes de la belle Eugénie. Comme
lles les mirent à un prix très élevé ce fut le riche
anquier juif R..... qui en fit l'acquisition, ce qui
'empêcha pas notre tendre Espagnole de prendre
our son amant de cœur son jeune compatriote le
rince Camerata, qui devint dès lors son chevalier
ervant. Il y avait alors des chasses brillantes à Com-
iègne, toute la cour impériale y assistait. Eugénie s'y
t présenter par son entreteneur le banquier R., et
ccompagnée par son doux ami Camerata. Quand,
iontée sur un bel andalous, elle fit son apparition
u milieu de la chasse, sa taille gracieuse, fine et
lancée, étroitement emprisonnée dans un justaucorps
légant, sa tête couverte d'un chapeau coquet, orné
'une plume en forme d'aigrette, ses jambes et ses
uisses dessinées dans un pantalon gris collant, qui
iodelait et mettait en relief leurs formes délicieuses,
t laissant deviner en les esquissant, d'autres trésors
'amour encore plus voluptueux ; elle excita le plus
if enthousiasme des connaisseurs qui la dévoraient du
egard. Dès lors, l'œil libidineux de Louis Bonaparte,
isque-là indifférent et voilé, s'écarquilla et ne la
uita plus ; elle s'aperçut de suite de l'effet qu'elle
enait de produire, et se promit bien d'en tirer un
arti avantageux en redoublant de coquetterie pour
duire et fixer le cœur de son hôte impérial, qu'elle
oulait subjuguer, ainsi que le lui avait recommandé

Le son du cor, les aboiements des chiens, les hen
nissements des chevaux annoncent bientôt l'ouvertur
de la chasse, chacun se précipite au galop pour lance
le cerf, l'impétueuse Eugénie sent renaître en elle se.
ardeurs du cirque de Madrid, elle presse sous ses ge
noux frémissants les flancs de son coursier, le piqu
de l'éperon et part comme un trait avant que son ad
mirateur ahuri soit revenu de son émotion; c'est vai
nement qu'il cherche à la suivre, elle disparaît a
détour d'une allée, côte à côte avec le beau Camérata
Plusieurs fois l'intrépide amazone, ses lèvres rose.
entr'ouvertes, montrant ses dents de perles, ses na
rines dilatées, ses yeux lançant des éclairs, ses che
veux d'or rayonnant au soleil sur ses blanches épaules
fend comme une flèche rapide, le groupe impérial e
disparait de nouveau comme l'éclair. Chaque fois l
monarque amoureux veut la suivre, mais en vain, l
sauvage chasseresse, accompagnée de son page amou
reux, disparaît de nouveau.

A chaque nouvelle apparition le prince sent aug-
menter son amour et semble pétrifié par cette en
chanteresse. Enfin, vers le soir, la cruelle Diane veu
bien modérer l'ardeur de sa monture et permettre à
son impérial Endymion de la joindre.

— « Belle chasseresse, lui dit-il, bien malheureux
sont ceux que vous percez de vos traits, car les blessures en sont mortelles! » — « Sire, répondit l'a-
mazone, j'en serai donc avare, ne voulant procurer à

personne le malheur de mourir de leur atteinte. » — « Dites plutôt le *bonheur!* car je le sens à mon cœur, je voudrais mourir à vos pieds. Quel dommage que tant de charmes s'unissent à tant de cruautés !»

A ces derniers mots, l'astucieuse Eugénie disparaît de nouveau. L'émotion de l'empereur fut si grande, qu'il tomba évanoui dans les bras de ses officiers. Dès lors le sort de la France fut décidé : Eugénie Kirpatrick Théba de Montijo devint impératrice.

A peine les fêtes nuptiales étaient-elles terminées, que les journaux officieux annonçaient la mort du jeune prince Camerata, en l'attribuant à des pertes de Bourse; mais la rumeur publique l'attribua à un crime; on disait tout bas que l'Othello des Tuilleries avait fait assassiner son heureux rival pour assurer son repos et éteindre sa jalousie.

Une actrice infortunée, nommée Marthe, eut presque un aussi triste sort : elle avait eu le malheur d'être liée intimément avec le prince Camerata, qui lui avait confié en dépôt, pour les soustraire aux recherches de la police, plusieurs lettres d'amour de l'impératrice et plusieurs bijoux précieux ayant appartenu à cette dernière, qui les lui avait donnés dans le temps. L'indiscrète Marthe eut l'imprudence d'en parler à une de ses amies, qui la trahit. Son domicile fut envahi par des sbires qui s'emparèrent du précieux dépôt et la traînèrent en prison, en attendant sa transportation à Cayenne. Elle ne résista pas longtemps aux menaces et aux mauvais traitements dont on l'accablait ; l'infortunée devint folle de terreur et mourut peu de temps après. Plusieurs autres innocentes et malheureuses victimes furent encore sacrifiées au repos des deux époux.

Trois mois environ après son mariage, Madame Bonaparte mettait au monde un fœtus âgé de six mois, dont on avait hâté la venue pour éviter le scandale d'un accouchement à terme après seulement six mois de mariage.

Le *Moniteur* annonçait cette malheureuse nouvelle en parlant de *l'attitude triste et résignée* de S. M. l'empereur. Il y avait bien de quoi, en effet, car S. M. n'ignorait pas que cet embryon était le produit des amours de sa chaste moitié avec le beau Camerata pendant les chasses de Compiègne.

Mais Dieu, par l'intermédiaire de l'archevêque Sibourg, n'en bénit pas moins l'union impériale, l'heureuse impératrice, grâce à la nombreuse collaboration des beaux officiers de son entourage, d'autres disent au moyen d'un adroit stratagème, combla bientôt les vœux de son tendre époux en lui donnant un fils. A sa vue le front anxieux du César s'éclaircit. Le canon des Invalides et le *Moniteur* annoncèrent à la France et au monde que : *la petite fille de l'épicier Kirpatrick, la nièce du sieur Porto-Carrero, en son vivant marchand de faro à l'enseigne du Pot-Carré, dans l'impasse des morts, à Bruxelles ; l'ancienne camérière d'Isabelle II, qui prodiguait ses charmes aux beaux toréadors de Madrid ; l'ex-maîtresse des trois princes d'O......, de [Narvaez, d'Olympio Aguado, du marquis d'Alcanirez, du duc d'Ossuna, du prince de Camerata, du banquier R....., du... etc., etc., et de tant d'autres,* venait d'assurer les destinées de l'empire en lui donnant un héritier.

Mais ces jours fortunés ne devaient pas toujours durer. Malheureusement pour notre intéressante héroïne, la nature qui, d'un certain côté, l'a si bien louée, en même temps l'a affligée d'une maladie crépitante nommée tympanie chronique, ou hydropisie gazeuse, qui éloigna d'elle peu à peu son impérial époux. Elle porte dans son beau corps une harpe éolienne soumise à l'action capricieuse des vents, lesquels n'exhalent pas toujours l'harmonie la plus suave, ni les parfums les plus purs, la rose ou le jasmin. Et ce n'était pas trop de la senteur des magnifiques bouquets de violettes de Parme que Miss Howard envoyait à son ancien amant pour neutraliser les exhalaisons méphitiques de l'impératrice.

Aussi le ciel de nos époux s'assombrit-il : Mesdemoiselles de Montalan, Emma Livry, et d'autres de leurs gentilles compagnes, furent chargées de la mission délicate de consoler S. M. l'empereur de l'infirmité de sa moitié. Elles s'acquittèrent si bien de leur tâche, que le matin, quand elles quittaient la couche

du héros de Strasbourg et de Boulogne, le demi-die
était complètement hébété et fourbu.

Madame Bonaparte se consolait chaque soir de l'a
bandon de son mari dans les bras du bel écuye
Fleury, qui sert, dit-on, de trait d'union entre le
deux époux (de femme à Monsieur et de mari à Ma
dame); mais le perfide Bacciochi, eunuque pourvoyeu
de S. M. l'empereur, épiait la Montijo et la surpri
se glissant furtivement dans un costume plus que né
gligé pour se rendre à un galant rendez-vous. La bel
aperçut l'espion et lui administra un de ces souffle
espagnols qu'elle avait appris à donner et à recevoi
dans la société choisie des toréadors qu'elle avait
longtemps fréquentée. Bacciochi se plaignit à so
maître, ce qui causa un grand scandale, et l'infidèl
souveraine, méprisée et méconnue de son mari, all
faire un long voyage en Ecosse pour se distraire d
ses chagrins domestiques. A son retour, elle trouv
sa sœur, la duchesse d'Albe, mourante; elle arriv
juste à temps pour lui fermer les yeux. Depuis, ell
se jeta dans la plus grande dévotion et, comme so
mari continuait à la délaisser, ayant fait venir de Tu
rin une de ses maîtresses. la belle marquise de Casti
glione, à qui il rendait un culte assidu, la malheureus
Eugénie menaça son volage époux de l'abandonner d
nouveau et d'aller faire un pélerinage à Jérusalem
mais l'auguste parvenu lui imposa sa volonté souve
raine, et la confina dans ses appartements sous l

garde de Bacciochi détesté. Elle emploie ses longs loisirs à s'apitoyer sur les infortunes de l'héroïque reine de Naples ou sur les malheurs du catholicisme et de la papauté; elle pleure sur les ruines de Jérusalem et s'enfonce de plus en plus dans la bigoterie, pendant que son impérial époux voyage en Auvergne et va prendre les eaux de Vichy. Mais une bien douce consolation lui reste; elle a fait souche d'empereur. L'auguste descendant des Kirpatrick-Théba et du Werhuel-Bonaparte, l'héritier présomptif du trône de Charlemagne et de Napoléon, grandit chaque jour, il est l'orgueil de papa et de maman, il a déjà le grade de sergent dans la garde impériale, et son avancement rapide, dans un âge aussi tendre, est bien fait pour consoler sa mère, dont le ciel bénira, nous en sommes certain, les vertus chrétiennes.

Telle est, en résumé (car nous passons des traits nombreux, et des meilleurs), la vie de la femme que la France avait l'honneur d'avoir pour souveraine.

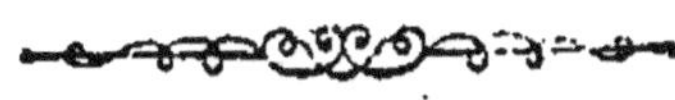

Lyon, imprimerie Storck.

# SOUS PRESSE

pour paraitre le 10 octobre

---

## BIOGRAPHIES :

**Napoléon III**

**Princesse Mathilde**

**Pierre Bonaparte**

**Général Fleury**

**Princesse de Solms.**